Rabindranath Tagore
# Perlen der Lebensweisheit

Rabindranath Tagore

# *Perlen der Lebensweisheit*

Aus dem Bengalischen übersetzt und mit
einem Nachwort zu Leben und Werk des Dichters

von Martin Kämpchen

HERDER

FREIBURG · BASEL · WIEN

# VORWORT

Rabindranath Tagore (1861–1941) gehört zu den großen universalen Menschen, die viele Begabungen in sich vereinten: Er war Lyriker, Dramatiker und Prosa-Schriftsteller, er komponierte Lieder, die er auch selbst vortrug, und war ein führender Maler der Moderne. Er schrieb Kinderbücher, Schulbücher über Naturwissenschaften für die von ihm gegründete Schule und Universität. Und er schrieb Hunderte von Aphorismen. Viele seiner Leser baten ihn um Widmungen in seine Bücher, und Tagore schrieb jedes Mal ein neues kurzes Gedicht.

In diesen plötzlichen Eingebungen des indischen Dichters spiegelt sich die große Welt wie in einem kleinen Spiegel. In knappen Dialogen reißt Tagore die bedeutenden Themen unseres Lebens an, spricht über Liebe und Großzügigkeit, über Gott und die Freude an dessen Geschöpfen. In allegorischen Einkleidungen warnt er vor Kleinmut und Hochmut, Neid und Habgier. Seine kurzen Gedichte sind ein ideales »Vademecum«, ein Begleiter im Alltagsleben, weil sie jeder alltäglichen Situation ein Licht aufsetzen und sie bedeutsam machen.

Wie jeder großer Dichter vermag Rabindranath Tagore durch seine Lyrik die Leser zu trösten in ihrer Trauer und Bedrückung, zu inspirieren in ihrer Mutlosigkeit und den Lesern eine Lebensrichtung zu geben.

# INHALT

# KLEINE DINGE

*Kanika*

## 1

›Du Meer,
was willst du sagen unentwegt?‹
Das Meer sagt:
        ›Ich habe endlose Fragen.‹
›Warum schweigst du, höchster Berg?‹
Der Berg sagt:
        ›Schweige-Antwort geb ich ständig.‹

## 2

Der Wipfel sagt:
        ›Ich bin groß, und du bist klein.‹
Die Wurzel sagt:
        ›Bruder, gut, so soll es sein.
Du lebst hoch oben: Dein Stolz steigt auf
        zum Höhenflug.
Aufgezogen hab ich dich: Der Stolz ist
        mir genug.‹

### 3

Der Duft verweht,
ach, keiner kann ihn fangen.
Die Blume ruft ihm zu:
>Komm, o komm zurück!<
Der Wind sagt:
>Was verwehte, das ist dein Duft.
Was du nicht verschenkst, wie soll ich
Duft das nennen.<

### 4

Im Sonnenlicht schwindet
des Mondes Glanz.
Der Morgenmond sagt, das Antlitz ruhevoll:
>Am Meeresufer harre ich, um dir,
aufsteigende Sonne,
die Ehre zu geben – danach tauche ich
gerne hinab.<

## 5

Die Wasserkresse sagt, den Kopf gereckt,
zum Teiche:
    ›Schau!
Heute hab ich dir gegeben
      einen Tropfen Tau.‹

## 6

Nachts der Sonne voll Sehnsucht
nachzuweinen,
lockt sie nicht hervor –
unnütz nur die Sterne scheinen.

## 7

Geburt und Tod, beides
des Lebens Spiel enthält –
wie beim Gehen der Fuß,
einmal erhoben, wieder fällt.

## 8

›Wie groß ich bin‹,
sagt der falsche Edelstein. –
›Drum zweifle ich: Bist du auch
wirklich rein?‹

## 9

Der Mond sagt:
›Mein Licht geb ich der ganzen Welt.
Allein für mich sind nur
die Flecken, die mein Leib enthält.‹

## 10

Der König sagt:

>Immer neue Regeln schaffend,
erschaffe ich das Recht.<

Sagt das Recht:

>Uralt bin ich – wer hätt' mich
je geboren.
Was du neu erschaffst,
ist das Unrecht bloß.<

## 11

Das Netz sagt:

>Den Schlamm,
den zieh ich hoch nicht mehr.<

Der Fischer sagt:

>Wird dann das Fischefangen
nicht recht schwer?<

**12**

Der Tod: ›Ich raube einen Sohn.‹

Der Dieb: ›Ich einen Schatz.‹

Das Schicksal:

›Ich nehme alles, was du hast.‹

Der Verleumder:

›Ich deinen guten Namen.‹

Der Dichter:

›Wer kann mir meine Freude nehmen!‹

**13**

Der Traum:

›Ich folge keinen Regeln – frei bin ich.‹

Die Wahrheit:

›Drum bist du nur ein Fantasiegebilde.‹

Der Traum:

›An endlose Vorschriften gebunden bist du.‹

Die Wahrheit:

›Alle nennen mich deshalb Wahrheit.‹

## 14

Die Welt sagt zum Menschen:
›Trug ist mir fremd – Geburt und Tod,
Glück und Leid, alle sind eindeutig, klar.
Ewig hab ich nur Wahres gesprochen.
Du verdrehst nur ewig
der Wahrheit Bedeutung.‹

## 15

›Wer wird mein Werk tun?‹,
        fragt das Abendlicht.
Die Welt verstummt zum Bild,
        sie redet nicht.
Das Lämpchen aus Ton,
das sagt freundlich:
›Was mein schwaches Licht vermag –
        tu ich.‹

## 16

Die Blume öffnet' die Augen
und sah die Welt:
Wie grün und zart,
wie viel Sang und Duft sie enthält!
›Du Liebste!‹, rief der Welt sie zu:
›Solang ich blühe, bleibe auch du.‹

# NOTIZEN

*Lekhan*

### 17

Tief in der dunklen Spalte Schlaf
das Nest des Traumvogels lag;
kleine Stücke Worte liest er auf
vom lauten Tag.

### 18

Lass meine Liebe wie Sonnenstrahlen
in lichtvoller Freiheit
dein Wesen umfangen.

## 19

Befreit vom erdenschweren Schlaf
pulst und strömt die Freude
in Blättern und Blüten,
dass sie erschauern.

## 20

Auf dem Ozean der Nacht,
        dem unergründlichen,
treiben die Tage wie bunte Blasen
        im Unendlichen.

## 21

Sprach der Wind zur Flamme:
>Dich will ich fangen.<
Als er sie erhaschen wollte,
ist die Flamme ausgegangen.

## 22

Jener, der das Licht der Sterne entzündet
am Firmament,
fragt sich geduldig, wann auch in der Welt
das Licht zu brennen beginnt.

### 23

Das Dunkel ist wie eine verlassene Frau,
die das Gesicht mit dem Sari bedeckt;
hoffnungsvoll wartet sie,
>   dass sie das Pilger-Licht
>   bald wieder entdeckt.

### 24

Du meine Blume,
verschenk dich nicht im Kranz,
den wollüstige Menschen sich winden.
>   Sei gewiss,
deine Jugend wird meinen Segen
>   stets auf dir finden.

### 25

Das Blau des Himmels will sich
mit dem Grün des Waldes mischen.
Der Wind, der heult und weint
      dazwischen.

### 26

Wenn das Licht um des Dunkels Nacken
den Kranz der Liebe wirft –
      entsteht Schöpfung.

### 27

Vorbei ist der Tag.
In der stillen Nacht höre ich
– wie einen Schlag gegen mein Herz –
alle Sehnsüchte des ersten Morgens
unerfüllt zurückirren zu mir.

### 28

Warum kriechen die Leuchtkäfer
      im Staub;
wissen sie nicht, dass am Himmel Sterne
      stehen?

### 29

Am Himmel lass ich keine Spur
      von meinem Flug;
dass ich geflogen bin, das Glück
      ist mir genug.

### 30

Die Blasen im Wasser sind in sich
      verschlossen
und schwinden ins Leere;
niemals sehen sie die weiten Meere.

*31*

Die Wolkenherde klagt,
      wenn es dunkel wird,
und vergisst, dass sie selbst
      die Sonne verdeckt.

*32*

Wenn Blüten Worte sind,
umgeben die Blätter sie
wie gesammeltes Schweigen.

## 33

Das Meer des Lebens ist still,
grenzenlos und unbewegt;
der Schaum der Welt spritzt auseinander
und vereint sich unentwegt.

## 34

Kommt der Frühling vorzeitig
in des Winters Reich,
verlässt er es zögernd wieder.
Die Mangoblüten schießen heraus,
ganz unbedacht –
kehren nicht zurück, sie fallen nieder.

### 35

Vergangen ist des Tages Glanz,
der Himmel betet zur Sonne,
die Sterne sind sein Rosenkranz.

### 36

Der Bücherwurm meint, der Mensch
      sei dumm.
Warum knabbert und kaut er die Bücher nicht?
Das macht ihn vor Verwirrung
      ganz stumm.

### 37

Warum denkst du, zum Himmel blickend:
    ›Ich hoffe, die Ernte wird gut.‹
Wenn eine Blüte am Zweig erblüht,
    damit sei glücklich.

**38**

Blumen, die aufs Tageslicht verzichten
und morgens welken,
kehren im Dunkel zurück
　　　im Kleid der Sterne.

**39**

Zur Flutzeit wispert das Ufer dem Meer
　　　ins Ohr:
›Schreibe mir auf:
Welche Worte tragen die Wellen
　　　empor.‹
Sooft das Meer voll Sehnsucht Worte
aus Schaum geschrieben,
hat es ruhlos die Schrift
wieder ausgewischt –
von Ungenügen getrieben.

### 40

Der Berg, auf dem der Schnee liegt,
muss dessen Schwere selber tragen.
Wenn das Wasser, geschmolzen, fließt,
empfängt die ganze Welt es mit Behagen.

### 41

Gott will um seinen Hals
      der Menschen Kränze tragen.
Drum hat er in den Schoß der Erde
      seiner Schöpfung Blumen gelegt.

### 42

Die Jasmin-Knospe denkt
und wendet sich der Sonne zu:
      ›Wann werd ich erblühen
      und groß sein wie du!‹

### 43

Wenn sich des Schweigsamen Wort
in meine Worte senkt,
       erkenn ich Ihn
und lerne mich auch kennen.

### 44

Warum weht
den einsamen Bäumen der Stadt
der Wind die Nachricht vom Walde zu?

### 45

Das aufschäumende Meer
       weint mit Bangen;
der Kuss des stillen Himmels
       ist sein Verlangen.

**46**

Der Garten schenkt dem Mond
        seine Blumen;
das Meer muss weinen – es ist so leer.

**47**

Die Herrlichkeit des Lichts
        erfüllt den Himmel.
Auf dem Tropfen Tau am Halm
        sucht es sein Maß.

**48**

Wer Unterschiede achtet, gewinnt Einheit.
Wer Unterschiede aufhebt,
dem wuchern sie ins Vielfache aus.

**49**

Der Tod hat einen Glauben,
     viele hat das Leben;
     stürben alle Götter,
würde es nur einen Glauben geben.

**50**

Wer Gutes tut, den mag man
     von sich weisen.
Doch wer die Menschen liebt,
     ist überall zu Haus.

**51**

Wenn Liebe den Schmerz in die Höhe hebt,
dann weiß ich, dass darin die Freude lebt.

**52**

Unsterblichkeit ist wahr, sie hat kein Maß,
das zeigt der Tod von Neuem Tag für Tag.

*Die umseitige Aufnahme zeigt »Udayan«, eines der letzten Wohnhäuser des Dichters in Santiniketan.*

# FUNKEN

*Sphulinga*

**53**

Auf des Funkens Spitzen blitzt
     der Rhythmus des Augenblicks.
Erst aufgeflogen – verglüht er jetzt,
     das ist die Summe seines Glücks.

**54**

Gast war ich in jenem Wald,
eine Rose ist dort erblüht.
›Vergiss mich nicht‹, bat sie immer wieder
und fiel herab, verfrüht.

**55**

Des Tyrannen Siegesbogen ist
zu Staub zerfallen.
Aus seinen Steinen bauen die Kinder
ein Hüttchen für ihre Spiele.

## 56

Umhergewandert bin ich voll Sehnsucht,
     nur Suche ist das Leben.
Viel gesagt und viel geschaffen hab ich
und mir schwere Lasten aufgegeben.
Was ich nicht bekam, soll ich bis in den Tod
mich darum mühen immer wieder?
Wird die Saite meiner Laute reißen
     vom Schmerz der ungesungnen Lieder?

## 57

Viele Kränze hab ich gewunden,
     während ich saß im Hain.
Gäste kamen am Morgen und haben sie
     um den Hals gelegt.
Plötzlich erschien noch einer
     mit einem Blumenkorb.
Soll ich, ach, mit welken Blättern flechten
     einen trocknen Kranz!

### 58

Aus dem Dunkel strahlt das tiefe Wort,
     der Morgensonne gleich.
Das eine Licht umschlingt mich mit
     vielfarbig schimmerndem Leuchten.

### 59

Das unwissende Herz versteht, und doch
     versteht es nicht;
     was hat es nur falsch gemacht?
Zwischen den Sternen sucht es jammernd
     ein vom Baum gefallenes Blütenblatt.

### 60

Die Sonne ging nieder,
in Fülle schenkten ihr Gold
     die Wolkenreigen.
Nichts blieb dem aufsteigenden Mond,
als ein blasses Lächeln zu zeigen.

### 61

Das Licht des Himmels versteckt sich
      in den Höhlen der Erde still.
Kommt das Frühjahr, schaut! wie es
in der Blumen Gestalt heraussteigen will.

### 62

Der Himmel küsst die Erde im Regen;
sie erwidert ihm mit ihrem Blumensegen.

### 63

Heut bau ich ein Sandschloss auf,
morgen vergess ich's wieder.
Was spielend im Staub entstanden,
das weht der Staub auch nieder.

### 64

Den Preis ihrer eigenen Schönheit
  kann die Blume nicht sagen.
Wer einfach empfangen hat,
  schenkt zurück ohne Fragen.

### 65

Das Licht lässt keine Spur
  am Himmel stehen;
was sich bewegen kann,
  wird nicht vergehen.

### 66

Denen, die heute noch knospen,
  gibt auf ihren Wegen
jeden Morgen die Sonne
  ihren Segen.

**67**

Menschen gibt's,
     die musst du,
wenn sie den Staub deiner Füße nehmen,
     genau im Auge behalten;
vielleicht nehmen sie sonst
     deine Sandalen mit.

**68**

Der Morgenstern singt:
›Komm, komm zu mir!‹
Die Lampe erlischt und sagt:
     ›Ich bin hier!‹

**69**

Die Sterne sagen:
›Ich entzünde mein kleines Licht.
Ob das Dunkel schwindet,
     das frag mich nicht.‹

**70**

Die Anmut der Blumen lebt,
     sind die Blüten verdorrt,
im Herzen der Früchte
     als Honig fort.

## 71

Der Baum gibt Früchte;
er ist sie keinem schuldig.
Sein Geschenk an die Welt
ist Teil seines eignen Lebens.
Kommt der Wandrer
und pflückt eine Handvoll,
ist's mehr als ihm gebührt.
Sein Glück hat's ihm beschert.

## 72

Das Geheimnis des Lebens
senkt sich in das Geheimnis des Todes ein.
Das Licht des lauten Tages
verbleicht in der stillen Sterne Schein.

**73**

Die ganze Nacht
      die Sterne wispern.
In den Blumen der Wälder
      erblüht ihr Flüstern.

**74**

Da du du selbst bist,
      bin ich in deiner Schuld.
Ich trag sie ab mit meiner Liebe
      lebenslänglich mit Geduld.

**75**

Die Wolken pilgern
      ins Weite weit hinein;
ihr Umriss schreibt den Namen nur
      ins Blau des Himmels ein.

**76**

Das Leid zu meiden,
das hoffe nicht in diesem Leben.
Das Leid zu tragen,
die Kraft erfleh ich meinem Herzen.

**77**

Mit der Flamme des Schmerzes
        durchforsche dein Leben.
Vielleicht wirst du auf einmal
        zeitlose Schätze heben.

### 78

Die Welt malt auf die Sonnenblumen
>> der Morgensonne Strahl.
Sie wischt ihn unzufrieden aus und sagt:
>> ›Blüht noch einmal!‹

### 79

Wo Blumen verborgen blühen,
>> offenbart sie ihr Duft.
Das Leben verhüllt sich in einen Traum,
>> Lieder offenbaren es wieder.

### 80

Die Knospe empfängt die Gnade
>> der Morgensonne.
Wann erscheint die Frucht, die ihr Herz
>> erfüllt mit Wonne?

### 81

Große Werke treibt ihre eigne Schwere
      immer weiter.
Großes Leid bringt mit sich
      seinen Trost.
Alle kleinen Werke, kleinen Mängel,
      kleinen Leiden
drücken schwer auf dir und schnüren
      dir die Kehle zu.

### 82

Die Pracht der Regenzeit
      ist nun vergangen.
Vom Horizont blicken die leeren Wolken
      mit heimlichem Verlangen.

## 83

Wenn die Stürme im Frühling
über die Landschaft gehen,
ist den Mangoblüten gar nicht bang;
auch die jungen Blätter lachen.
Nur das welke Laub, das hat mit Stürmen
Bekanntschaft gemacht.
Und dennoch hat es keine Furcht.
Ist der Sturm nicht sein Befreier?

## 84

Tagelang und meilenweit, bis die Taschen
        waren leer,
sind wir gereist durch Länder
        kreuz und quer;
haben wir Bergketten gesehen
und gesehen die Meere.
Doch meine offnen Augen haben
        nicht gesehen –
nur zwei Schritte müsste ich
nach draußen gehen –
        den einen Tropfen Tau
        auf des Reishalms Ähre.

## 85

Der Wind fragt: ›Lotus, verrat es mir,
        ich kenne dein Geheimnis nicht.‹
Der Lotus sagt: ›In mir selbst
        kommt mein Geheimnis ans Licht.‹

**86**

Der Wind will sie befreien,
      der Baum hält sie fest:
Das Bündnis beider Kräfte
      die Blüten tanzen lässt.

**87**

Die äußeren Dinge, diese Bürde
      nennt man Reichtum.
Der Segen, der im Innern lebt,
      der ist die Fülle aller Fülle.

**88**

Als ich ihm trotzte,
      erwies Gott mir Ehre.
Blind gab ich mich hin,
      da hat er sich abgekehrt.

### 89

Die Erde hält durch ihre Nahrung
den Baum an sich gebunden.
Durch des Himmels Licht hat er
     die Freiheit gefunden.

### 90

Im Lauf der Zeiten werden Berge zu Hügeln
in Regen, Sonne und Wind.
Sterben und Werden wechseln ständig –
ein Leben lang bleibt nur das Gras.

### 91

Wer mit Gott auf den Lippen
sammelt Zorn und Niedertracht,
der hat Gott um dessen Opfergaben gebracht.

**92**

Schon als Knospe empfängt
     auf nacktem Zweig
     täglich die Blume
die Gnade der Sonnenstrahlen.

**93**

Sinnlos ist's,
allseits den Stein zu suchen,
der über alle kostbar ist.
Kommt die rechte Zeit,
wird er plötzlich – wer weiß wie –
     von selbst erscheinen.

**94**

Auf seine Schultern drückt, was
      er für sich behält.
Was er verschenkt – die Schwere
      liegt auf der ganzen Welt.

**95**

Form mischt sich mit Nicht-Form
      in dieser Welt.
Tiefes Fühlen schenkt ihr
      die Lebensmelodie,
      Wahrheit das klare Wort.
Komm und tritt in ihre Mitte:
Erfahre dich im ewigen Raunen
      ihrer Farben und Töne.

## 96

Die Wurzel denkt: ›Ich bin klug,
doch alle Äste sind so dumm.
Staub und Erde, die sind echt,
die Luft ist leer und stumm.‹

## 97

Sammle ich auch noch so viel,
alles werd ich nie bekommen.
In wem die Wahrheit lebt,
      der hat alles gewonnen.

**98**

Ist die Zeit gekommen,
     bleibe ich nicht länger hier.
Mein Herz lebt in diesem jungen Baum –
     in seinen Blüten,
     in seiner zarten Blätter Tanz.
Meine Hoffnung auf immer neue
selige Frühlinge bleibt bestehen.
     Ich selbst werde gehen.

**99**

Schweigen erhebt sich mit Leidenschaft
     als Bergesgipfel
     und sucht dort seine Größe.
Bewegung möchte unentdeckt im See
     zur Ruhe kommen
und sucht tief unten ihre Grenze.

## 100

Du großer Baum, das heilige Wort,
     das erblüht
in deinen Blättern, Blüten und Zweigen,
     ist auch meinem Wesen zueigen,
und ist erblüht in meiner Lieder Klang.

*Die umseitige Aufnahme zeigt »Syamolî«, eine Lehmhütte in Santiniketan, die der Dichter gern bewohnt hat. In ihr empfing er auch Mahatma Gandhi.*

# ANMERKUNGEN

23 »Pilger-Licht« – gemeint ist die Sonne. Der über den Kopf gezogene Sari ist Ausdruck von Trauer und Einsamkeit.

24 allegorisch zu verstehen: Junge Frauen sollen sich nicht Männern hingeben, die nur ihre Jugend genießen wollen. Ihre Jugend allein bedeutet schon Gottes Segen, nicht erst die Heirat.

31 Die Wolken wollen nicht durch die Nacht unsichtbar werden, obwohl sie selbst tagsüber die Sonne verdecken.

33 In der indischen Philosophie wird das Leben mit einem Meer verglichen, das es zu überqueren gilt. Von weitem gesehen, ist das Meer unbewegt, still; aus der Nähe betrachtet, unruhig, ständig in Bewegung. Der tägliche Lebenskampf wird durch den unruhigen Wellengang symbolisiert. Erst wer Abstand zur Welt gewonnen hat, sieht das Leben als still und beruhigt.

35 »Rosenkranz« (*mālā*) ist die Gebetskette
der Hindus. die meist 108 Perlen besitzt.
An ihnen wiederholen die Beter den Na-
men Gottes oder rezitieren ein Mantra.
Der Abend ist die traditionelle Zeit für
Gebet und Meditation.

49 »Glauben« (*dharma*) – auch: Religion,
ewiges sozio-religiöses Gesetz. Die dritte
und vierte Zeile wendet sich gegen den
Polytheismus; in der ersten und zweiten
Zeile betont der Dichter, dass im Tod die
Vielfalt des Lebens zurEinheit zusam-
menschmilzt. Im Tod stehen sich Mensch
und Gott gegenüber.

57 Blumen sind in Indien religiöses Symbol:
Ausdruck der Verehrung für Gott oder
für geliebte, hochgeachtete Menschen.
Man soll nur frische, am Morgen er-
blühte Blumen darbieten.

58 »das tiefe Wort« und »das eine Licht«
sind Umschreibungen für den einen
Gott, der sich in der Welt in seiner Vielfalt manifestiert.

65 Bewegung ist unvergänglich, alles Statische vergeht.

66 »Sonne« (*rabī*) – Kurzform für »Rabindranath«. Die übertragene Bedeutung ist: Der Dichter segnet jene schöpferischen Menschen, die noch am Beginn ihrer Laufbahn sind. Vgl. 92.

67 Anspielung auf die indische Verehrungsgeste des Füßeberührens. Der Grüßende beugt sich vor dem anderen nieder, berührt dessen Füße und führt seine Fingerspitzen an seine Stirn. Diese Geste gilt den jeweils Älteren – dem Guru, den Eltern, den Lehrern. Sie ziehen, bevor ihnen der Gruß angeboten wird, die Sandalen aus. Tagore deutet humorvoll an, dass diese Geste oft in heuchlerischer Weise ausgeführt wird.

75 »Umriss« (*chāyā*) – auch: Schatten, Spiegelung. Eine Wolke legt sich, während sie weiterzieht, nur schattenhaft-flüchtig auf das ewige Blau des Himmels. Der Name ist weniger sub-

stanziell und wesentlich als das, was er bezeichnet.

82 Die Regenzeit in Bengalen ist beeindruckend und gewaltig. Ist das Naturerlebnis vorbei, folgt die sanftere, auch ereignislose, Herbstzeit.

92 »nacktem Zweig« – wörtl. Zweig der Geburt; »Gnade der Sonnenstrahlen« ist ein Wortspiel mit »Sonne« (*rabī*), einer Kurzform für »Rabindranath«. Im übertragenen Sinn schenkt der Dichter den Knospen (das heißt jungen, vielversprechenden Menschen) seine Gnade, die sie zum Erblühen bringen soll. Vgl. 66.

95 »Form« und »Nicht-Form«, das heißt die Sphäre der sinnlichen Wahrnehmung und die der Transzendenz, machen gemeinsam die Welt aus. An beiden soll der Mensch teilhaben. Tagores typische Aufforderung, keine sinnenfeindliche Askese zu betreiben.

100 »das heilige Wort« (*bānī*) – auch: Botschaft, Wort in der Liturgie und in den heiligen Schriften.

# QUELLENANGABEN

Aus der Sammlung »Kanika« sind die Aphorismen 1 bis 16 dieser Zusammenstellung entnommen, und zwar (nachgewiesen durch den bengalischen Titel):

1: *Kanika: prasner atit,* 2: *Kanika: mul,* 3: *Kaniktannastan yanna diyate,* 4: *Kanika: natisvikar,* 5: *Kanika: ksudrer dambha,* 6: *Kanika: dhrubāni tasya nasyanti,* 7: *Kanika: jīban,* 8: *Kanika: sandeher kāran,* 9: *Kanika: nijer o sādhāraner,* 10: *Kanika: nutan o sanātan,* 11: *Kanika: bhālo manda,* 12: *Kanika: apariharaniya,* 13: *Kanika: satyer sanjam,* 14: *Kanika: spasta satya,* 15: *Kanika: kartabya-grahan,* 16: *Kanika: moher āsankā*

Aus der Sammlung »Lekhan« sind 17 bis 52 dieser Zusammenstellung entnommen, und zwar (nachgewiesen durch die Nummer im bengalischen Originaltext):

17: *Lekhan 4,* 18: *Lekhan 9,* 19: *Lekhan 10,* 20: *Lekhan 11,* 21: *Lekhan 24,* 22: *Lekhan 26,* 23: *Lekhan 29,* 24: *Lekhan 30,* 25: *Lekhan 34,* 26: *Lekhan 40,* 27: *Lekhan 43,* 28: *Lekhan 51,* 29: *Lekhan 56,* 30: *Lekhan 66,* 31: *Lekhan 68,* 32: *Lekhan 73,* 33: *Lekhan 80,* 34: *Lekhan 87,* 35: *Lekhan 99,* 36: *Lekhan 104,* 37: *Lekhan 105,* 38: *Lekhan 120,* 39: *Lekhan 122,* 40: *Lekhan 127,* 41: *Lekhan 135,* 42: *Lekhan*

136, 43: *Lekhan 148*, 44: *Lekhan 151*, 45: *Lekhan 156*, 46: *Lekhan 165*, 47: *Lekhan 169*, 48: *Lekhan 172*, 49: *Lekhan 173*, 50: *Lekhan 178*, 51: *Lekhan 188*, 52: *Lekhan: letzter Aphorismus (ohne Nummer)*

Aus der Sammlung »Sphulinga« sind die Aphorismen 53 bis 100 dieser Zusammenstellung entnommen, und zwar (nachgewiesen durch die Nummer im bengalischen Originaltext):

53: *Sphulinga: Motto*, 54: *Sphulinga 2*, 55: *Sphulinga 3*, 56: *Sphulinga 5*, 57: *Sphulinga 6*, 58: *Sphulinga 7*, 59: *Sphulinga 13*, 60: *Sphulinga 15*, 61: *Sphulinga 19*, 62: *Sphulinga 20*, 63: *Sphulinga 22*, 64: *Sphulinga 24*, 65: *Sphulinga 33*, 66: *Sphulinga 41*, 67: *Sphulinga 42*, 68: *Sphulinga 44*, 69: *Sphulinga 51*, 70: *Sphulinga 59*, 71: *Sphulinga 68*, 72: *Sphulinga 93*, 73: *Sphulinga 103*, 74: *Sphulinga 106*, 75: *Sphulinga 111*, 76: *Sphulinga 117*, 77: *Sphulinga 118*, 78: *Sphulinga 140*, 79: *Sphulinga 146*, 80: *Sphulinga 149*, 81: *Sphulinga 152*, 82: *Sphulinga 156*, 83: *Sphulinga 161*, 84: *Sphulinga 164*, 85: *Sphulinga 165*, 86: *Sphulinga 168*, 87: *Sphulinga 170*, 88: *Sphulinga 175*, 89: *Sphulinga 197*, 90: *Sphulinga 205*, 91: *Sphulinga 207*, 92: *Sphulinga 211*, 93: *Sphulinga 216*, 94: *Sphulinga 218*, 95: *Sphulinga 220*, 96: *Sphulinga 225*, 97: *Sphulinga 237*, 98: *Sphulinga 239*, 99: *Sphulinga 249*, 100: *Sphulinga 258*

*Das umseitige Foto zeigt Rabindranath Tagore 1930 auf Besuch in Deutschland.*

# NACHWORT
# DES HERAUSGEBERS

Im Jahr 2011 feiert Indien, und mit ihm die Welt, den hundertfünfzigsten Geburtstag von Rabindranath Tagore, den nationalen Dichter Indiens und den bisher einzigen Literatur-Nobelpreisträger des Landes.

Rabindranath Tagore ist einer der Großen der Weltliteratur. Wie im europäischen Mittelalter Aristoteles als »der Philosoph« bekannt war, so wird heute Rabindranath in seiner bengalischen Heimat »der Dichter« (*kabi*) genannt. Auch der Bauer auf dem Feld weiß, wer damit gemeint ist. Nachdem er 1913 mit dem Nobelpreis ausgezeichnet wurde, bereiste er bis zum Ende seines Lebens Asien, Europa und Amerika, um die Stimme Indiens, die Stimme Asiens hörbar zu machen. Es war die Zeit, als Indien noch eine britische Kolonie war, aber der Kampf um die Unabhängigkeit bereits Gestalt angenommen hatte. Als ersten Schritt zur politischen Unabhängigkeit brauchte Indien ein neues Selbstvertrauen: Weg von der Mentalität der Beherrschten und Unterdrückten, hin zu einem nationalen Selbstbewusstsein! Während Mahatma Gandhi, der große Zeitgenosse Tagores, den politisch-moralischen Kampf um die Unabhängigkeit anführte, war es Rabindranath Tagore, der wesentlich mithalf, seinem Volk als Kulturnation ein neues Selbstbewusstsein zu schenken. Als »Weiser aus dem Morgenland«, als ehrwürdige Vatergestalt repräsentierte er Indien im Ausland, dessen Beifall Tagores Heimatland dankbar auf sich bezog.

Insbesondere außerhalb von Indien hat man Rabindranaths Leistung als Lyriker, Erzähler und Dramatiker in den Hintergrund gedrängt. Die Gründe sind offenbar: Erstens war der Westen in der Zeit zwischen den beiden Weltkriegen – der Zeit von Tagores größter Wirkung im Westen – selbst in einer spirituellen Krise und bedurfte der Leitfiguren und der Hinweise auf geistige Werte in Wort und Beispiel. Zweitens ist aus Mangel an kongenialen Übersetzungen eine literarische Würdigung außerhalb des bengalischen Sprachgebiets schwer möglich gewesen.

Viele von Tagores literarischen Werken kamen bald nach Verleihung des Nobelpreises in rascher Folge in englischer Übersetzung auf den Markt; und der deutsche Verleger Kurt Wolff verlor keine Zeit, von diesen englischen Übersetzungen deutsche Übertragungen zu drucken. Die englischen Übersetzungen stammen zum Teil von Rabindranath selbst, die restlichen von bengalischen Mitarbeitern Tagores – also nicht von Menschen, deren Muttersprache Englisch war. Die Übersetzungen sind entsprechend von geringer Qualität gewesen und stellten gar nicht den Anspruch, das Original bestmöglich zu repräsentieren. Rabindranaths eigene Lyrik-Übersetzungen waren sehr frei – eher Nachdichtungen und Paraphrasen, die nach Gutdünken das bengalische Original erweiterten und kürzten. Die Gedichte wurden durchweg in rhythmische Prosa übertragen, ohne Versform und Reim, wobei viel von der lyrischen Sensibilität des Originals verloren gehen musste.

Inzwischen beginnt man in Europa, sein Werk neu zu entdecken. Die wesentliche Voraussetzung dafür sind literarisch adäquate Direktübertragungen aus dem bengalischen Original. Seit dem ersten Erscheinen von Tagores Aphorismen im Jahr 1989 sind mehrere Bände mit meinen Übersetzungen von Tagores Lyrik ins Deutsche erschienen, die eine Besinnung auf Tagore als Dichter eingeleitet hat. Ich freue mich, dass der Verlag Herder die Aphorismen in veränderter Zusammenstellung neu herausgibt.

*Rabindranath Tagores Leben*
Rabindranath Tagore wurde 1861 in Kalkutta als vierzehntes Kind einer berühmten und hoch kultivierten Familie geboren. Er wuchs in einem großen Haushalt auf, der ihm sämtliche Möglichkeiten bot, seinen Geist zu entwickeln, seine Fähigkeiten auf die Probe zu stellen. Sein

Vater, Debendranath Tagore, ist eine führende Gestalt in der Reformbewegung des Hinduismus, der sogenannten »Hindu-Renaissance«, gewesen. Er war der Anführer des *Brāhmo-Samāj*, einer Vereinigung, die mit vielen abgelebten, abergläubischen, magischen Traditionen aufräumen wollte.

Rabindranath begann zu schreiben, als er noch ein halbes Kind war, ermuntert von älteren Brüdern und anderen Verwandten, und veröffentlichte seine ersten lyrischen Ergüsse und Essays in Zeitschriften, die von der Tagore-Familie selbst herausgegeben wurden. Sein Eintritt in die literarische Welt war leicht, seine frühe Lyrik romantisch bis hin zur Sentimentalität.

Mit dreißig Jahren war Rabindranath bereits ein Dichter, der einen festen Platz im literarischen Leben Bengalens behauptete. Herzstück seiner dichterischen Arbeit ist von Anfang die Lyrik gewesen; doch schrieb er auch Dramen, die zunächst im erweiterten Familienkreis aufgeführt wurden; er verfasste Romane, Novellen und Kurzgeschichten. Sein Vater schickte ihn zu den Familiengütern im heutigen Bangladesh als deren Verwalter. Dort sorgte er sich, meist allein in einem Hausboot auf dem Fluss Padma wohnend, um das Wohlergehen der armen Arbeiter auf dem Feld, seiner Untergebenen, und lernte so das Leben in den bengalischen Dörfern kennen. Es waren unschätzbar wertvolle Erfahrungen, denen wir zahlreiche Erzählungen verdanken.

In der Mitte seines Lebens, als Rabindranath ungefähr vierzig Jahre alt war, sehnte er sich nach einem Lebenswerk, das nicht nur im gedruckten Wort seinen Niederschlag fände. Er wollte seine Gedanken in der Praxis erproben; es drängte ihn, mit Menschen zusammenzuarbeiten. Darum zog er 1901 in eine einsame Gegend rund 150 Kilometer nördlich von Kalkutta. Dort hatte sein Vater ein kahles Stück Land erworben und für sich ein Haus gebaut, in das er sich von Zeit zu Zeit einsiedlerisch zurückgezogen hatte. Dieses Haus nannte er »*Sāntiniketan*« – Ort des

Friedens. In Santiniketan also gründete Rabindranath eine Schule und zwanzig Jahre später eine Universität. Sein Erziehungsideal war, junge Menschen nicht Schulbuchtexte einpauken zu lassen, sondern ihren Charakter und ihre Fähigkeiten zu entfalten durch die Begegnung mit der Natur, die Begegnung mit den Bauern in den umliegenden Dörfern und durch Lehrer, die mit den Kindern zusammenlebten – sie inspirierten und nicht nur instruierten.

Für den Rest seines langen Lebens ist Santiniketan Rabindranaths Heimat geblieben. Viele seiner Werke sind hier entstanden und nicht selten zuerst den Lehrern und Schülern zu Gehör gebracht worden. Rabindranath komponierte Lieder, schrieb Musikdramen, choreografierte Ballette, schuf Textbücher für seine Schüler, auch Kinderbücher, schrieb über Landwirtschaft und Kunsthandwerk, über politische und kulturelle Fragen. Für seine neu gegründete Universität *Visva-Bhāratī* gewann er bekannte Gelehrte aus aller Welt als Lehrer sowie Schülerinnen und Schüler aus den besten Familien des Landes. Tagore wollte, dass Visva-Bharati ein »Nest« für die ganze Welt werde. Er war ein *Visva-Kabi*, ein »Weltdichter«, geworden. Als er 1941 in Kalkutta starb, war die ehrwürdige Gestalt mit dem wallenden weißen Haupthaar und dem schönen Antlitz zu einer Legende geworden, mit deren Enträtselung seitdem zahlreiche Wissenschaftler beschäftigt sind.

*Perlen der Lebensweisheit*

Wir nähern uns dem Dichter in diesem Band nicht mit Hilfe seiner bedeutendsten Werke, etwa seiner großen, hochgespannten Lyrik, die häufig so komplex ist, dass ein Nicht-Bengale und Nicht-Inder nur schwer Zugang findet. Wir nähern uns durch seine Aphorismen in Versform, seine knappsten lyrischen Gebilde. Anstatt das weite Meer seiner Dichtungen auszumessen, nehmen wir einige Tropfen auf die Hand und betrachten sie; und bei längerem Hinschauen entdecken wir viele von Rabindranaths Themen und Anliegen, viele seiner Ideen und Inspirationen, seine Kritik und seinen Spott mikrokosmisch wieder. Diese Aphorismen sind uns auch ohne kulturell-religiöse Vermittlung verständlich.

Aus drei bengalischen Aphorismen-Sammlungen habe ich die hier übersetzten Texte ausgewählt. *Kanikā* (»Kleine Dinge«) stammt aus dem Jahr 1899, als der Dichter noch auf den Gütern seiner Familie wohnte, doch bereits seine Übersiedlung nach Santiniketan plante. Es sind in der Mehrzahl Vierzeiler, die einen pointierten Dialog zwischen personifizierten Naturdingen, Ideen oder philosophischen Begriffen wiedergeben. Belehrend und aufklärerisch sollen die Kurzdialoge Denk- und Lebensgewohnheit aufbrechen, vor allem heuchlerische und gedankenlose Moralvorstellungen in ihrer Unechtheit entlarven. Die Aphorismen dieser Sammlung sind also vorwiegend Gedankenlyrik.

Beinahe drei Jahrzehnte später erschien *Lekhan* (»Notizen«, 1927). Die Entstehung

dieser Aphorismen reicht über zehn Jahre zurück, nämlich bis zum Jahr 1916, als Rabindranath auf seiner ersten Reise durch Japan
war. Die Buchausgabe entstand als Faksimile
von Rabindranaths Handschrift nicht etwa in
Bengalen, sondern in Budapest. Seine erfolg-
reiche Reise quer durch Europa, auf der er sich
als Nobelpreisträger feiern lassen musste,
brachte ihn auch nach Ungarn; in Budapest
wurde er von der Erregung und Hetze der
Reise krank und suchte ein Sanatorium auf.
Während dieser mußevollen Tage übersetzte er
zahlreiche meist zwei- oder vierzeiligen Aphorismen ins Englische und ließ sie als zweispra-
chige Ausgabe in Berlin drucken. In seinem
ebenfalls handgeschriebenen Vorwort notiert
der Dichter:

»Diese Texte wurden in China und Japan be-
gonnen. Sie entstanden auf Bitten von Menschen, denen ich etwas auf Fächer, Papiere und
Taschentücher schreiben sollte. Später wurde
ich auch in anderen Ländern und in Indien darum gebeten. Auf diese Weise haben sich diese

kleinen Texte angesammelt. Ihr höchster Wert liegt darin, dass sie durch die eigene Handschrift eine persönliche Bekanntschaft pflegen. Diese Bekanntschaft drückt sich aber nicht nur durch die Handschrift aus, sondern auch durch die rasch niedergeschriebenen Gedanken. Beim gedruckten Wort geht diese persönliche Beziehung verloren. Wie eine erloschene chinesische Laterne können diese Texte dadurch unbedeutend und nutzlos werden. Als ich hörte, dass man in Deutschland Handschriften drucken kann, habe ich darum diese Texte drucken lassen.«

So intim die kleinen Verse sind, so stark ihre Entstehung einem Zufall verpflichtet ist, so haben sie doch für uns eine Botschaft. Jede von ihnen entspringt einem plötzlichen poetischen Einfall oder einer konkreten Beobachtung, die sogleich in Vers, Rhythmus und Reim gegossen wird. Der Einfall oder die Beobachtung wird ausgesponnen, oft mit dichterischer Neigung zum Skurrilen und Interessanten. Gerade wenn sein Blick auf Naturerscheinungen fällt, flicht Rabindranath Verbindungen, sieht er Beziehungen, die sich nur in der Fantasie eines Poeten ereignen können. Seine Betrachtungen richten sich mit Vorliebe auf die einfach-großen, symbolträchtigen Naturerscheinungen: auf Meer und Sterne, Sonne und Mond, Baum und Blume.

Rabindranath ist aber niemals nur Beobachter der Natur, sondern er sieht sie belebt, meist personalisiert und sich selbst als Lebewesen und Person inmitten der Natur. Wir können von einer Art kosmischen Solidarität zwischen Dichter und Natur sprechen. Diese Solidarität entspringt Rabindranaths tiefer Liebe zu den Formen und Farben der Natur, zu dem kleinen, zarten Wesen jeder Blume ebenso, wie zu dem majestätischen Fluss, der sich, die Menschen scheinbar verachtend, seine Bahn durch die Landschaft bricht. Ich glaube, das Flüchtige und Alltägliche war Rabindranath noch köstlicher und kostbarer als das Große und Imposante. Oft setzt sein Blick beim Kleinen – dem Mikrokosmos – an, um von ihm aus die makrokosmische Analogie und

Beziehung zu entdecken. Er sieht die Welt nicht mit den Augen der Sterne, sondern mit den Augen der Blumen. Seine Liebe zu den Naturwesen verbietet ihm sarkastische, ätzende, bittere Töne. Rabindranath bleibt liebenswürdig auch da, wo er kritisch ist und eine unangenehme Wahrheit ausspricht; er ist heiter und oft humorvoll.

Die dritte und größte Aphorismensammlung, *Sphulinga* (»Funken«), ist postum im Jahr 1945 erschienen und trägt alle verstreut aufgefundenen Widmungen zusammen; die Autorisierung des Dichters hat diese Sammlung natürlich nicht mehr erhalten.

### Mein Weg zu Tagore

Es war voraussehbar, dass ich meinen eigenen Zugang zu Rabindranath Tagore über die geistige Liebeslyrik des Bandes *Gitanjali* finden würde. Als ich nach meinem Literaturstudium in Wien mit vierundzwanzig Jahren Deutschlektor in Kalkutta wurde, drückte mir einer meiner Studenten, ein Chemieprofessor, die englische

Prosaübersetzung von *Gitanjali* in die Hand. Diese von Rabindranath selbst angefertigte freie Übertragung zog mich wegen ihrer freimütigen, unmittelbaren religiösen Gefühlssprache in ihren Bann. Ich war Zurückhaltung, Nüchternheit gewohnt. Hier schreckte ein Lyriker nicht vor einer direkten Anrede an Gott zurück. Als ich einige Jahre später meinen Deutschunterricht abgab, um ein neues Studium in Madras zu beginnen, verabschiedeten mich meine Studenten mit der bengalischen Ausgabe von *Gitanjali*. Damals sprach ich fast kein Bengalisch (ich glaubte immer noch, dass ich schon bald nach Europa zurückkehren würde, um einen »ordentlichen« Beruf zu ergreifen); trotzdem versprach ich, bewegt und dankbar, eines Tages dieses Buch zu lesen.

Als ich drei Jahre später nach Bengalen zurückkehrte, und zwar nach Santiniketan, an die Universität Tagores, lernte ich Bengalisch für meine religionswissenschaftlichen Forschungen und las nach gut zwei Jahren regelmäßigen Sprachstudiums ein bengalisches *Gitanjali*-Gedicht. Dabei wurde mir mit Erstaunen bewusst, wie breit die Kluft zwischen der freien englischen Prosaübertragung von Tagore selbst und dem bengalischen Original war. Welche Kraft, welche Klangmagie, welche kunstvolle Schlichtheit im Original! Zu meiner eigenen Befriedigung versuchte ich mich an einer philologisch genauen deutschen Übersetzung … Daraus sind im Laufe von zwei Jahrzehnten mehrere Bände mit Tagore-Lyrik in meiner Übersetzung geworden – die Erstausgabe der Aphorismus-Sammlung machte den Anfang.

Wie konnte ich es wagen, die Lyrik eines der großen zeitgenössischen Dichter der Weltliteratur zu übersetzen? Mir war bewusst geworden, dass sich mir hier eine Aufgabe anbot, die – würde *ich* sie nicht annehmen – noch lange auf Erfüllung warten müsste.

Diese Übersetzungsarbeit hätte ich nirgendwo anders als in Santiniketan tun können. Von dem kreativen Schwung der Gründerzeit ist heute nur wenig zu spüren: Schule und Universität haben ihre Eigenart eingebüßt, das Gedächtnis an die Gründergestalt wird museal und archivarisch gepflegt, wenig durch Nachahmung. Wenn ich dennoch nur hier den Dichter übersetzen kann, dann aus dem Grunde, weil ich viele Mitarbeiter, Berater finde, ohne die ich die Nuancen dieser Lyrik kaum erfassen könnte; vor allem aber weil die ländliche Natur in der Umgebung noch immer das »Ethos«, den »Rhythmus«, die »innere Melodie« von Rabindranaths Gedichten widerspiegelt. In mir ist die Überzeugung gewachsen, dass ein Übersetzer den emotionalen Gehalt dieser Lyrik nur dann tiefer erfassen kann, wenn er diese Landschaft erlebt hat. Aus ihr hat der Dichter Inspiration geschöpft, sie wurde auch meine Inspiration als sein Übersetzer.

Was nicht heißt, dass diese Lyrik provinziell an die bengalische Natur gebunden sei. Doch sie ist das Erdreich, das die Lyrik nährt, daraus wächst sie auf in den Luftraum, welcher der ganzen Welt gehört.

Über diese Wechselbeziehung von Verwurzelung und Universalität habe ich während der

Übersetzungsarbeit ständig reflektiert. Ist Rabindranaths Lyrik tatsächlich universal, muss sie auch ohne bedeutende Verluste lyrischer Eigenart in europäische Sprachen übersetzbar sein. Die Schwierigkeit besteht nicht primär darin, die Worte von dem Bengalischen ins Deutsche zu transportieren. Schwierig ist vielmehr, die Kultur und Religion, aus denen das Gedicht gewachsen ist, in der Übersetzung transparent zu machen. Das bengalische Gedicht soll auch in dem Zeichen- und Bedeutungssystem der deutschen Sprache, die von der europäischen Kultur und der Bibel geprägt ist, als Lyrik bestehen können und kommunizierbar sein.

Die Aphorismen des Dichters bieten sich für dieses stets heikle Experiment an: das Wortmaterial ist gering, der Inhalt und die Bedeutung jedes Aphorismus sind nicht allzu komplex. Sekundäre Bedeutungsschichten (»hinter« der artikulierten Bedeutung) sind relativ leicht fasslich. Der Dichter gibt einen einfachen poetischen Einfall wieder, ein »Wort-Bild«, das im Gedächtnis haften bleibt.

*Zu diesem Buch*

Aus den drei Aphorismus-Sammlungen habe ich hundert Texte ausgewählt und sie in der Reihenfolge gelassen, die Tagore seinen Büchern gegeben hatte. So sind wir den Intentionen des Dichters am nächsten. Anmerkungen habe ich sehr sparsam gesetzt. Die meisten Aphorismen sprechen für sich selbst.

*Santiniketan, im November 2010*
*Martin Kämpchen*

# ZUM WERK
# RABINDRANATH TAGORES

Rabindranath Tagore, geboren am 7. Mai 1861, schreibt und inszeniert 1881 sein erstes musikalisches Theaterstück; 1883 erscheint sein Lyrikband »Abendlieder«. 1901 gründet er in Santiniketan eine Schule nach dem Vorbild altindischer Ashram-Schulen. 1910 erscheint sein Gedichtband »Gitanjali« auf Bengalisch, 1912 auf Englisch. 1913 erhält er als erster Inder den Nobelpreis für Literatur. Ein Querschnitt durch sein Werk liegt auf Deutsch vor in:

*Rabindranath Tagore, Das goldene Boot. Lyrik, Prosa, Dramen. Herausgegeben von Martin Kämpchen (Winkler Weltliteratur, Blaue Reihe), Artemis & Winkler 2005.*

# ZUM HERAUSGEBER

Dr. Dr. Martin Kämpchen, geboren 1948, lebt seit vier Jahrzehnten in Indien. Der Übersetzer Rabindranath Tagores berichtet regelmäßig aus Indien, zum Beispiel im Feuilleton der »Frankfurter Allgemeinen Zeitung«. Er schreibt über christlich-hinduistischen und deutsch-indischen Dialog. Er setzt sich in zwei Stammesdörfern für eine alternative Entwicklungshilfe ein, unterstützt vom »Freundeskreis Ghosaldanga und Bishnubati e. V.« (www.dorfentwicklung-indien. de), mit Sitz in Frankfurt am Main. Seit 1999 Träger des Bundesverdienstkreuzes.

Website: www.martin-kaempchen.com.

Martin Kämpchen hat seine Erfahrungen zusammengefasst in dem Buch:

*Leben ohne Armut. Wie Hilfe wirklich helfen kann – meine Erfahrungen in Indien, Verlag Herder, Freiburg im Breisgau 2011.*

*Die Fotos stammen aus dem Archiv des Herausgebers und wurden zum Abdruck zur Verfügung gestellt. Die Fotos auf den Seiten 36–37 und 64–65 stammen von Samiran Nandy, Santiniketan.*

Umschlagmotiv: © Josef Bieker
Umschlaggestaltung: Christian Langohr
Vignette im Innenteil:
Weiß-Freiburg GmbH – Graphik & Buchgestaltung

Herstellung:
fgb · freiburger graphische betriebe
www.fgb.de

Gedruckt auf umweltfreundlichem,
chlorfrei gebleichtem Papier
Printed in Germany
ISBN 978-3-451-07123-2